Ariel Batista Osorio

Selección de Poesías

Ariel Batista Osorio

Selección de Poesías

Premio Especial "Mons. Gaetano Alibrandi"

JustFiction Edition

Imprint

Cover image: www.ingimage.com

Publisher:
JustFiction! Edition
is a trademark of
International Book Market Service Ltd., member of OmniScriptum Publishing Group
17 Meldrum Street, Beau Bassin 71504, Mauritius

Printed at: see last page
ISBN: 978-620-0-49065-0

Al lector

"Selección de poesías" fue presentada al Concurso "Antonio Filoteo Omodei" 2015, convocado por La Academia Internacional de Poesía, Arte y Cultura "El Convivio" radicada en Vía Pietramarina – Verzella, 66 – 95012 Castiglione di Sicilia (CT) – Italia. Fue ese año un tiempo donde el entonces Club de La Poesía "El Convivio", Cuba - Italia, obtuvo una buena cosecha en la amada tierra de Dante Alighieri, siendo éste uno el poemario premiado. No obstante, tener una participación activa, también he publicado otros poemas en la referida Academia que acompaño en anexo a la presente obra.

Ariel G.

From: Angelo Manitta <angelo.manitta@tin.it>
To: ariel@dps.hlg.sld.cu <ariel@dps.hlg.sld.cu>
Subject: risultati premio "Filoteo Omodei"
Date: 15/05/2015 08:00:51 a.m.

Caro Ariel,
ti invio i risultati del Premio "Antonio Filoteo Omodei" con la lettera seguente:

Gentile Ariel Batista Osorio,

la Giuria della tredicesima edizione del Premio "Antonio Filoteo Omodei - Pensieri in Versi", dopo aver esaminato attentamente gli elaborati pervenuti, ha l'onore di comunicarLe che nella sezione "Autori in lingua Spagnola. Sez. Poesia" Lei ha ottenuto il

Premio Speciale "Mons. Gaetano Alibrandi"

con "Selección". Le comunico inoltre che la premiazione si svolgerà domenica 14 giugno 2015 alle ore 10,00, nella Chiesa di S. Giovanni Bosco - Verzella, nel comune di Castiglione di Sicilia, in provincia di Catania, Italia. Sarà certamente gradita la Sua presenza che si prega comunque di confermare entro e non oltre il 3 giugno 2015. La presente comunicazione vale anche da invito.

A conclusione della cerimonia di premiazione, quale momento di amichevole incontro, viene organizzato un pranzo conviviale in un accogliente agriturismo, che si prega comunque di prenotare esclusivamente presso la segreteria del Premio "Antonio Filoteo Omodei - Pensieri in Versi", Tel: 0942-986036; 333-1794694, entro il 3 giugno 2015. Il costo del pranzo è di € 25.

In attesa di un Suo cenno di riscontro Le porgo distinti e cordiali saluti.

Il Presidente dell'Accademia
Angelo Manitta

Angelo Manitta
email: angelo.manitta@tin.it
Web: www.ilconvivio.org
Accademia Internazionale Il Convivio
Via Pietramarina, 66
95012 Castiglione di Sicilia (CT)
Phone: (+39) 0942/986036
Fax: (+39) 0942/986036

A mí querida hija Erlys

Amor inigualable

Cuan bello y hermoso es ver el astro
mayor brillar con más intensidad, si lo
sublime de la vida se logra captar.
En la mañana al pasar por una escuela
pude ver la esplendente obra del amor;
en su jardín posaba sobre una madre
y su hijo, un pequeño alumno,
cual luz resplandeciente, como savia
de hermoso árbol fluyendo hacia sus
ramas.
Como fuente que se desborda, ella
su cariño le ofrecía.
Él, feliz, su pequeña nariz contra
la de su querida madre restregaba;
se miraron, y en un bello acto de amor,
en inigualable beso, dejó el infante
impreso en su madrecita el corazón.

Arde una hoguera

Arde una hoguera en el centro del planeta,
cada hora que pasa su llama se eleva
iluminando la tierra.
Arde sin consumirse para que todos vean,
para que los hombres de buen corazón
enciendan su tea y al mundo llame la
atención.
Arde por la humanidad, para que en su
provecho sea quemado lo que afea, lo que
a la gente noble lacera.
Arde para que los enamorados de la
naturaleza echen en sus llamas la hojarasca
que la sepulta, y a la vida la devuelva.
Arde para que los ríos de justicia encuentren
su cauce y rieguen las praderas.
Arde con tanta fuerza invitando a las naciones
a hacer una enorme danza, que gire a su
alrededor para que la paz reine.

COMIENZA DE NUEVO

No, no des ni un paso atrás,
sigue adelante,
si es preciso comienza de nuevo.
Si tuviste una derrota,
enfréntala
no sueltes las riendas del miedo,
sacude la hojarasca
que aun pueda quedar sobre tu cuerpo.
Abre las alas,
vuelve a levantar el vuelo.
No te quedes en el suelo;
así es la vida,
el temor no le agrada el yo puedo.
Sigue el camino,
sueña con los ojos abiertos,
lucha contra cada etapa
en verano o invierno.
Poda los árboles que has sembrado,
libera el trillo de malezas.
No pares hasta llegar a la meta.
Piensa con el corazón,
mas, actúa con la cabeza.
Todo debajo del firmamento tiene su tiempo.
Escucha, pero escoge la senda;
la vida muerde, rasga, lacera,
pero cuando el alma quiere
puede vencerla.
A veces las heridas son profundas,
y el tiempo la mejor venda.

No permitas
que te vengan encima las paredes,
siempre cuando se avecina un terremoto
el mejor lugar para protegerse
es debajo del marco de las puertas,
luego ellos te guían hacia afuera
Ríe, canta, llora,
cualquier cosa que te haga brincar la cerca.
Prueba volar,
extiende tus alas.
Alza los ojos al infinito,
mira a Dios
y decide alcanzar el cielo.
No temas,
el temor paraliza,
y siempre vas a encontrar alguien
con mayores penas
que la vida enfrenta.
Pasa por el fuego,
nada en aguas turbulentas.
Sube la escarpada
que la vida es bella.
Cuando llegues,
no desmayes, no te detengas,
si tienes que volver a empezar,
hazlo de nuevo.
Empieza.

El alma del poeta

Hay un alma en el poeta que
se extiende; viene y va hasta donde
su talento le ha de llevar.
No le permite la vida sus sentimientos
acallar; su psiquis es armada para
exponer un mensaje a la humanidad.
Tiene el alma el poeta que recorre
diversos lugares sin cesar, no hay
circunstancia que la detenga, en el
día y la noche viene y va.
Mira el camino místico y sombrío, también
iluminado por el resplandeciente sol, no
importa, el alma siempre encuentra
al final de la senda una tierna flor,
símbolo de vida en el jardín.
Tiene el poeta el alma que va al
cielo; de donde recoge lo que
se le ofrece y a la raza humana
lo revierte.

En el mar de la vida

Quise caminar sin rumbo por la vida;
la senda extendida ante mis ojos se había quebrado.
El camino se encontraba oculto, mas, jugueteaba
entre mis manos. Salí, como sale el peregrino por
el mundo en busca de recuperar algo, lo perdido.
En mi desandar, en la ribera del intrépido mar estuve;
un deseo muy fuerte me hizo detener en su orilla,
allí, sobre un macizo de arrecifes me quedé; las olas
chocaban contra él, su espuma me salpicaba. Sentado
sobre la gran piedra que encima de las violentas aguas
en el inmenso espacio reinaba permanecí en estado
de éxtasis, mirando como la vida va y viene
como las olas salpican y se retiran, conforme
al viento que sople desde los cuatro puntos cardinales.
Sin percatarme; apoyadas sus manos en el borde
de la roca bañada por las aguas, una linda sirenita
de largo pelo negro y cuerpo delgado, me observaba.
Me tendió con amor su mano, llevándome hacia ella
me invitó a seguirla en el seno de las inmensidades,
en desafío a lo difícil que acontece en el mar
de la vida.
En el bregar a su lado encontré lo perdido, el interés
de luchar cada día.

En un auto rojo

Pensar que al salir de la casa aquella noche, no volvería más.
Que el auto rojo le llevó por las calles de la ciudad
hacia la Terminal,
donde se toma el tren a la eternidad.
No es cierto que la vida tenga fin; su presencia no ha sido
posible borrar.
Al sentir su ausencia, ahí está, recordando sus formas,
su delicadeza, su vida, su amar.
Imposible es olvidar.
Ese día en que emprendió el viaje sin regreso,
impreso en la conciencia está.
Impresa su mirada en la mía;
su limpia y linda sonrisa que jamás se podrá duplicar.
Siempre es sentido el amor de su vida,
imborrable desde su partida.
Hubo un tiempo que mirando su corsé no podía darle otro
destino;
movido por los sentimientos una poderosa fuerza
se adueñaba de mi cerebro,
pensaba que en cualquier momento volvería.
Contra ello luchar no podía, solo quedaba vivir y esperar;
elevar el alma por encima de los montes, las nubes y abrojos.
Desmentir al sepulcro que como horrible boca los cuerpos
suele tragar,
mas su existencia no puede eliminar.
Gracias al camino que marca el peregrinar hacia la columna
de estrellas,
que asciende y en la escarpada ha de ser guía
consolando el pensamiento en su senda.

Entre los cristales de un beso

Amor, quiero que me aprisiones
entre los cristales de un beso,
para en su transparencia
ver cuan grande es nuestra pasión,
y quedar encerrado en la urna
de muestras vidas.
Dejarme llevar por la corriente
de tu alma sin tocar las riberas;
navegar para siempre en las aguas
de tu corazón,
y cuando el tiempo pase,
sentirme como uno de sus latidos,
unido nuestro sino
hasta el último suspiro.

La abeja y la flor

Daba vueltas la abeja por el jardín,
en busca de las flores más lindas
y hermosas.
Medio atolondrada no atinó su labor
comenzar; las bellas Orquídeas que
encontró no se dignaron su vuelo
mirar.
¡Vanidosas! Exclamó.
Equivocadas vinieron al mundo
sin siquiera saber coquetear.
Rosas, Jazmines, Tulipanes, no se
cuantas más, ostentando de su pompa
no cultivan la amistad, sin estimar que
el tiempo les hará menguar.
Mas, una flor silvestre nacida en un
rincón, fresca y lisonjera al ver la
abeja sonrió.
Muy alegre el insecto todos los días
la nueva amiga visitó, quien agradecida
le esperaba con orgullo, y amor.

Lo pensó un anciano

Viajero eterno de luengas guedejas y tupida barba blanca,
pensé que tu designio podía burlarse;
en mi andar por las calles y ver los que con su vida ya no
pueden, pensé que a ello no llegaría,
imaginé que tu, majestuoso tiempo, conmigo una excepción
tendrías, que serías más flexible.
Que podría siempre moverme de aquí para allá
sin dificultades.
Pensé que llevando una vida diferente, la vejez en mi
no se ensañaría,
que los años por mi lado pasarían sin siquiera tocarme.
Mas, pensé mal, ahora me doy cuenta cuando al ascender
la montaña me están faltando las fuerzas.
No pasó mucho tiempo para que sintiera la burlona voz del
almanaque riéndose al verme convertido en un montón
de achaques, movimientos lentos, y dolores por todas partes.
¡Ah, y la cama! Ese lugar de descanso, se me hizo
insoportable.
Entonces, pensé convencido lo fatuo que había sido.

Luz de la poesía

Luz de la poesía,
primavera eterna;
brazos abiertos al futuro.
El día extendido
en su blancura
recibe la noche como velo,
quien le ha bruñido,
volviendo en corto tiempo
con más brillo.
De su encuentro
nacen versos
haciendo impotente
la nostalgia y la pereza.
Abierta la ventana del
recuerdo
entran y salen
pensamientos
encajados en el numen
con la luz de la poesía.

Mujer trigueña… cubana

Mujer trigueña, negra, blanca, rubia,
cubana, de suave andar,
ojos color de miel que saben embriagar.
Cual guitarra de cuerdas afinadas vibras,
y sueles música entonar.
Maracas propias, lindas maracas,
en su movimiento, al aire salen a danzar.
Mujer trigueña, moviéndose al son
de timbales y tambores que no cesan
de sonar.
Bongós hacen temblar sus piernas,
que ya no pueden parar.
Mujer trigueña, negra, blanca, rubia,
cubana, de suave andar,
ojos color de miel que saben embriagar.
Palmas y cañas,
cañas y palmas;
mujer cubana, de la guitarra sale tu voz,
de las maracas y tambores
tus movimientos a un solo compás,
hacen al mundo vibrar.

No me culpes

He estado mintiendo
cuando beso tus labios
y mi amor te ofrezco,
porque no he sido capaz
de escapar del recuerdo
que amordaza
y mantiene preso
en la cueva de ilusiones
pasadas.
Por favor, no me culpes,
es bastante la tortura
de tener que fingir
estar libre.
El tiempo, como el aire,
se ha fugado
entre mis manos;
y aunque ella no esté,
la he seguido amando.

ODA A LA MISERIA

En el lugar de Los Encantos se expenden flores de todo tipo.
Aquel hombre atravesó despacio el umbral de la puerta,
cansado, exhibiendo cara y manos huesudas,
su estómago pegado al espinazo y su bolsa vacía.
No había conseguido echar en ella ni siquiera un mendrugo
de pan para alimentar su familia.
Habló en voz muy baja, otra cosa no le permitía su estado;
tomó una bella rosa, con trabajo le privó de sus espinas,
y dirigiéndose al camposanto fue a acostarse
sobre una tumba, poniendo la flor sobre su pecho.
No había encontrado otra opción para la vida,
prefirió esperar allí, por inanición su partida.
Así, en el lugar de las mil losas, suntuosas unas,
y sin ornamentar otras;
compartidas con los que descansan en la tierra,
los que tienen depositadas lindas coronas y costosos ramos;
mas, para muchos solo existe una flor silvestre,
quedando representada la difundida y notoria miseria.

ODA A LAS MADRES

Madre, palabra sagrada. En ella se encierra todas las etapas
de la vida.
No solo concibe el nuevo ser, sino se convierte en la protagonista
de un comienzo que jamás termina.
Haber sido huésped de su vientre nos hace deudores de su amor.
Somos habitantes de su vida y espacio.
El celo por los suyos hace su voluntad de acero.
Su amor es inseparable de la vida, por él se abren las puertas
del mundo y su luz se puede ver.
El melodioso canto de una madre labra el terreno que a la postre
permite cultivar, y la mies a las gavillas llevar.
Su risa produce el mayor aliciente que el humano pueda conocer
y sin una madre no puede disfrutar.
Las lágrimas de sus ojos derramadas, abre una herida que el mejor
de los cirujanos no es capaz de resolver.
Su enseñanza toca el punto de ebullición de lo sublime, la aplica
con esmero, y de la prole se suele adueñar.
En noches de insomnio, ahí está, a nuestro lado logrando con sus
caricias el sueño atraer.
La confianza en ella depositada la hace ocupar el lugar de ilustre
confesor sin ser defraudado jamás.
La belleza que lleva en el alma, nadie la ha podido superar.

Si pudiera…

Si pudiera abrazar al vacío…
Me diría que está triste, porque alberga tantos
deseos, peticiones y anhelos, que nunca
fueron cumplidos.
Quizás derramaría lágrimas en mi pecho.
Me diría, que su corazón se ha convertido
en fuente de llantos que brota ardiendo
por sus mejillas.
Que, en la nada - su inmenso recinto - pululan
incontables almas abatidas y gélidas,
las que de allí no han podido salir porque
muy débiles están sus alas.
Que muchas veces,
aunque las aguas se vean limpias, cristalinas,
azules, también son una amenaza semejante
al camino de piedras y espinas
que hace sangrar los pies desnudos,
mas, aun sangrando,
se ha de continuar caminando y sonriendo,
es mejor que quedarse en el vacío.

Una ninfa caída del cielo

¿Cómo llegaste a mi? Preciosa perla
brillante, con el esplendor del diamante
que con sus destellos suele sobresalir.
No temas, desprendida no se de que
parte de los cielos hiciste entrada
en mi aposento sobre la luz del sol
viajero, un día en que a nadie espero,
mas, a mi lado de repente te encontré.
De piel blanca y pelo dorado, como una
de esas muñecas que en el mercado
cuestan tan caro, con tu belleza en
mis ojos me quedé.
Fuiste semejante a una ninfa que en
su deidad aparece misteriosamente
a los seres imperfectos, como tu
llegaste a mi para bendición del cielo.
Bella muñeca que Dios formó, como su
valiosa obra forma el alfarero; Él te cuide
y te guarde por todo el tiempo postrero.

Me amabas, y te amaba

Recuerda, cuando tomados de las manos
paseábamos por el florido valle de la ilusión.
Me amabas, y te amaba.
Juntos, pasaba el tiempo una y otra vez
por nuestro lado, sin saber que pasó.
Me amabas, y te amaba.
Nunca pensamos que también el amor
fuese atacado por la erosión.
Que podía desmoronarse,
como la duna a merced de la lluvia
y el viento solano.
Que asistiríamos a la sepultura de aquel
ferviente amor.
Mas, nunca olvidarás visitar su tumba,
tampoco yo.

Aunque sea amigos

Me miro al espejo, toco mi piel,
llamo con fuerte voz mi cerebro,
para si duerme, despierte.
Veo como paso a paso, igual
a la hierba cuando se seca
es echada al fuego,
se consume el amor.
No se, porque me llamas,
y te llamo, me necesitas,
y te necesito, me das un beso,
y te lo devuelvo.
¿Qué tan poderoso quiere
separarnos?
Prefieres callar.
No dilates más el momento
que espera.
El día se hace viejo, la tarde
declina, mira no llegue la noche
y todo se pierda en el valle
de sombras, sin quedar,
aunque sea como amigos.

En su lecho yace

Quizás haya montado en potro salvaje
y desde él, como fue dado el toque
a degüello, recias palabras salieron
de la boca fijándole fecha a lo que
lentamente se está acabando.
Cuando las ascuas de fuego no son
liberadas de la ceniza, y no se alimentan
con aire, la llama se va extinguiendo,
hasta que desaparece.
Corre el tiempo, cual veloz corcel,
se acerca un nuevo viaje con el año
entrante.
¿Cuál será su sino?
No se ve interés de avivar la llama,
he preguntado sin haber respuesta.
No se por qué, mas, la tumba ha sido
abierta; al emprender el viaje
he de ensillar el caballo, y asistir
al funeral del amor que vivir no ha
querido, y en su lecho yace.

El alma busca…

Las manecillas del reloj giran sin detenerse.
La lógica y la razón se dan la mano.
Las fuerzas son válidas hasta el límite
de su tiempo en que se desvanecen.
Todo fenece al concluir la etapa.
El amor desatendido vaga en lo incierto,
mata la ilusión cuando se desea tener
y queda en la nada.
E l vacío se adueña del corazón, y el alma
busca nueva senda para ser amada.

Vuelve pronto!

Ella sabe lo mucho que le ama,
él da la vida por su amada.
Ambos se sienten el uno para el otro,
mas, han cambiado los tiempos.
Ha llegado la hora de separarse,
ella le prepara la mochila;
alegremente le acompaña a la puerta,
le despide con un beso, y le desea
buena suerte.
¡Vuelve pronto! Te estaré esperando.
Cumple tu misión, haz de la victoria
un canto.

Es poesía

Es poesía lo que escribo,
no la encerrada en apretados
términos; versos sueltos
que en cascada del manantial
emana.
Es poesía que canta a la vida,
a la sociedad que tantas cosas
encierra, como dulce y amarga
amalgama.
Es poesía que vierte sus versos
para aquel que le ama.
Es poesía que sale del corazón
que la contiene, como polluelo
de águila, crece dentro del pecho,
se empina, abre sus alas,
y veloz al aire, a volar se lanza.

Un poeta cristiano

Soy uno de esos poetas que cuenta
con algo más que el numen,
mi poesía lleva la bendición de lo alto.
Con pasos dirigidos por el Dios
de todos los tiempos, a Él consagrados.
En mis versos va impresa la palabra,
henchida de placer del amor sincero.
Porque no hay gloria humana,
sino, en el Poder Sempiterno, cuando
la poesía bendecida edifica y el corazón
renueva.
La vida me ha dado el don de ser
un poeta cristiano.

En las noches frías

Desechaste el tiempo y abrigo
que en las noches frias tu piel
acariciaba.
Abandonaste el arco iris que alegre
pintaba de colores nuestro aposento.
Tu desprecio dejó transparente
mis ojos que centelleaban.
Te llevaste la brisa cálida,
dejándome envuelto en el viento
helado que me corta el rostro como
cruel latigazo.
Cuando pasen los años, y el tesoro
de la vida se haya agotado,
bailarás la danza de la angustia,
mas, con asombro sabrás que el
tiempo y el abrigo que en las noches
frias tu piel acariciaba,
nunca volverás a sentirle a tu lado.

Te necesito a mi lado

Cuando recibí tu llamada
esperaba sentado en el portal
de la casa.
Había una temperatura
agradable.
El ambiente era propicio
a la inspiración,
también para amarse.
Me dijiste: inspírate y ámame.
Hastiado estoy de amar
en el pensamiento;
te respondí: te necesito a mi lado,
pegada a mi cuerpo,
estrechándote entre mis brazos.

Otros poemas

El poder de la poesía

Si dejo que la poesía duerma
es para que se recupere,
y vuelva con nuevos bríos
a embriagarme con su vino.
Nunca le he maltratado,
ni apresurado sus pasos,
espero que vaya y venga
rendida a mis brazos.
A veces despierto
en la madrugada,
la veo esperando por mí
sentada a mi lado en la cama.
Como no se cuándo ha de volver
es el momento
de aprovechar su visita,
tomar lo que trae
de lugares lejanos,
y acomodarlo en mi mente
para al papel llevarlo.
Nuevamente
de mi se desprende;
por el mundo continúa
deslizándose.
En su recorrido va encendida,
hiere, corta, quema,
mas, saturada de amor,
también el alma cura.

Con mi guitarra ciega.

Amor, salí por los caminos polvorientos, solo con
un bolso y mi guitarra ciega a entonar una canción,
llanto del corazón, de quien únicamente sabe rascar
las cuerdas, mas, cantan a tu nobleza, a la belleza
que llevas dentro.
Le diré a todos cuanto nos quisimos, que sopló un
viento fuerte y deshizo nuestro nido.
Ahora, ando errante por el mundo con mi guitarra
ciega de compañera, en espera del día que Dios
me libre de esta horrible pesadilla,
aunque mi amor por ti,
continúe vagando por los caminos.

Yace

"Yace quien no ama,
quien echa fuera el amor,
quien no guarda en el corazón
un sentimiento tan grande,
quien cierra los ojos
para no ver que aún con vida,
si no ama, ha muerto".

Madre querida!

Fueron tus delicadas y suaves manos
quien me enseñó a andar.
Como la bella flor que a su tiempo abre;
así diste paso a la vida.
Tu fragancia llenó mi alma, y con el roce
de tus pétalos me acariciaste.
Con tus espinas me defendiste como
defiende el águila a sus poyuelos, mas,
mi cuerpo jamás heriste.
Hoy te recuerdo en tu pureza, cual don
de Dios, como una linda rosa.
¡Madre querida! Jamás podré olvidarte.

Como antorcha encendida
(A Carilda Oliver Labra)

Aquí estoy, en mi soledad que aprovecha,
los sentidos agudiza y anima,
unida al verso,
apetecido verso escrito con letras
de oro sobre hojas de plata,
no de suntuosa fuente ornada brota
sino de cristalinas aguas
de manantiales fluye,
y corre en “la Ciudad de los Puentes”
que la poetiza combina
en su quehacer en justa causa.
Con la toga ceñida a su cuerpo
hace justicia,
con la pluma en su mano
y la imaginación alerta, crea.
Fragante flor de la poesía
sus pétalos
simbolizan la vida,
su vida antorcha encendida
que ilumina.

Misterio

Poema divino y humano
cual don que al poeta le es dado
Cuando las campanas tañen
con su acostumbrada ironía recordando
que al unísono el reloj marca el tiempo
quitándole un trozo a la vida
el bardo debajo del negro telón estrellado
mira la luna cual lámpara de plata
pende del cielo
ve la mano de quien allí le ha puesto
y versa reverente a la naturaleza
dama de sus anhelos
y ama y canta y ríe por los caminos
en medio de su soledad dejando atrás
la tristeza
y observa envuelto en misterioso manto
el planeta que le alberga.

Siempre buen tiempo

En nuestro jardín
No existieron flores con espinas,
Las que cultivamos
Eran hermosas;
Su perfume
En toda parte se impregnaba
Por encima de cualquier cosa,
    Nunca hubo un tsunami;
    En su intento quedó mal trecho.
    El trono fue de la comprensión.
    El gélido viento de las montañas,
    Débil fue,
    Ante nuestra espiritual muralla.
Las tempestades que pululan en la vida
Jamás limitó guiar
La barca de nuestros días.
Hoy, al final de la vía
La senda se bifurcó;
Mas, al concluir el tiempo
Volveremos a encontrarnos.

Padre de todos

Hay un Padre
que por la grandeza de su amor,
su incansable guía y cuidado
siempre está a nuestro lado.
Fue niño, y joven,
creció sin arrugas ni manchas,
Trabajó sin agotarse por nuestro
pasado
lleno de tachas.

No faltó quien dijera:
es un loco, un impostor, un lunático,
sin embargo nos hizo comprender
la vida;
nos enseñó a ser sabios
con la plena sabiduría de lo alto.

Siendo Rey, se hizo siervo.
Con exquisitas riquezas, fue pobre
para que pudiésemos comprender
la felicidad de ser noble.

Por ser un Padre tan amoroso,
único Dios verdadero,
sufrió sobre el madero
para que tuviésemos
vida eterna el día postrero.

Como Padre bueno
cruzó el valle de sombras y de muerte

para limpiar nuestra frente.
Miró con humildad sus verdugos
y perdonó su pecado ardiente.
Dio vida al arrepentido,
y entregando su espíritu
nos hizo suyos.

De Él mucho se ha escrito,
mas, en ningún libro se puede encerrar,
con nosotros está todos los días;
amante Dios Trino,
Padre celestial.

Gran Premio en la Obra de Los Amigos (Cuáqueros),
Iglesia Vista Alegre. Holguín - Año 2014.

Revista No. 58 El Convivio. Año 2014.

Búscame

Si un día te decides venir a mi
Búscame
Búscame en las noches de frío de luna
te ofrezco mi calor
en las mañanas de verano
tomados de la mano te llevaré
hasta mi jardín
y escogeré para ti la más bella flor
Búscame en el vuelo de las aves
que surcan el cielo
en su dulce canto
en los rayos de sol que acarician
suavemente tu piel
en la mirada   sueños y desvelos
que dedico a ti
Búscame que tan cerca de mi estás
en lo profundo de mi corazón.

Refugio del poeta

Done el bardo ancla su alma
y el numen lo envuelve
donde la imaginación
ornada con disímiles ideas
a otra dimensión le lleva
donde la vida se cierra
                dándole la espalda
él busca una puerta.

Donde la verdad es amarga
la mentira se atraviesa
                        en el camino
el poeta busca la salida
la realidad con luz propia brota.

Donde lo corporal se confunde
con lo incorpóreo
el espíritu impera.

Donde la noche con su manto negro
bajo la luz plateada de la luna
le motiva escribir versos
el misterio de la poesía
anda a su lado posesionada
                        de su mente.

Índice. **Págs**

Email: arielbatista@infomed.sld.cu cadmiel48@nauta.cu

Ariel G. Batista Osorio, natural del municipio Puerto Padre (Delicias) Provincia de Las Tunas. Cuba.
Escritor y poeta. Residente en la ciudad de Holguín.
Agosto de 1948.
Licenciado en Derecho. Graduado del Curso Bíblico – Teológico del Seminario Evangélico de Matanzas. Cuba. Vicepresidente de La Cruz Roja en la provincia de Holguín. Miembro de La Unión Nacional de Juristas de Cuba; de La Sociedad Cultural José Martí; de Los Amigos (Cuáqueros); fundador – presidente de la Institución Literaria El Convivio Cubano, en Holguín; del Club de la Emisora Radio Reloj; del Movimiento de Poetas del Mundo, y poeta consagrado de La Asociación Internacional de Poetas del Mundo en Isla Negra, Chile; con creaciones poéticas, y narrativas en La Asociación Internacional de Poetas del Mundo en Isla Negra; Nostre Club en Barcelona, España; Academia Internacional de Poesía, Arte y Cultura El Convivio de Italia; Asociación Cajamarca, Identidad y Cultura, de Cajamarca, Perú; Revista The Ambassador de La Alianza Literaria Canadá – Cuba. Con obras publicadas por la Editora Académica Española JustFiction! Edition, Riga, Letonia. Fundador – presidente del Ministerio Arte Cristiano "Camino de Belén", y fundador de la "Pastoral de acompañamiento espiritual" – interdenominacional -auspiciado por La Obra de Los Amigos (Cuáqueros) en Vista Alegre. Holguín. Miembro del Jurado del Concurso de poesía "Una Flor para Mamá", de La Asoc. Cultural Polo Montañez, en Holguín, en diversas oportunidades
Premiado en diversas ocasiones en narrativa y poesía cristiana en la Obra de Los Amigos; Biblioteca Provincial Alex Urquiola Marrero; Casa de La Cultura Municipal "Manuel Dositeo Aguilera", ambas de Holguín; así como obtuvo el Primo Premio Assoluto en Selección de Poesías en Italia – 2016; Diplomas de Honor en Isla Negra, Chile, y Cajamarca, Perú, en numerosas convocatorias; y Pergaminos de Honor en Cajamarca, Perú, en varias ocasiones, en los géneros de narrativa y poesía.

Selección de poesías, es una obra mixta convocada en el año 2015 al Premio "Antonio Filoteo Omodei" por la Academia Internacional El Convivio, de Poesía, Arte, y Cultura, de Italia; presenta diversos matices de la creación en el género poético, donde el sentimiento del autor se extiende hasta la frontera de lo cotidiano, y algo más, señalando las aristas de la vida; encierra la magia de la naturaleza, la forma de encarar la vida, la partida inesperada, el don de la mujer cubana, el sufrimiento causado por la miseria, la virtud de las madres, la imaginación de las deidades, todo envuelto en el numen y, el poder del amor que todo lo cubre con sus alas.

Ariel G. Batista Osorio. Fundador - presidente de la Institución Literaria El Convivio Cubano. Poeta y escritor. Ha participado con sus obras publicadas en La Academia Internacional El Convivio de Italia, obteniendo el Primo Premio Assoluto en poesía; Asociación Internacional de Poetas del Mundo y, Movimiento de Poetas del Mundo, Chile. Asociación Cajamarca, Identidad y Cultura, Perú, donde ha obtenido varios Pergaminos de Honor entre otros. En la Alianza Literaria Canadá - Cuba. Y con varias obras publicadas en la Editora JustFiction! Edition, en Riga, capital de Letonia.

Printed by Books on Demand GmbH, Norderstedt / Germany